NOTICE

Sur Miel le jeune,

UN DES MORTS DE JUILLET,

ORNÉE DE SON PORTRAIT ET D'UN FAC-SIMILE DE SON ÉCRITURE;

Dédiée à la Garde Nationale,

PAR MIEL L'AINÉ,

CHEF DE DIVISION A LA PRÉFECTURE DU DÉPARTEMENT DE LA SEINE,

Chevalier de la Légion-d'Honneur.

Paris.

VINCHON, FILS ET SUCCESSEUR DE Mme. V^e. BALLARD,

IMPRIMEUR, RUE J.-J. ROUSSEAU, N°. 8.

1832.

MIEL,

Capitaine de la Garde nationale,

tué rue des Prouvaires le 28 Juillet 1830,

l'Épée à la main.

Discours sur le Devoir, les fonctions et les qualités d'un Médecin, et sur la méthode de Perfectionner l'Histoire Naturelle; traduit de l'Anglais de Gregory, par Verlac.

— in-12. — 1787. — Biblioth. Nat. {T. 3216. 5.R.1.}

= Ouvrage rempli de considérations sages, et de la plus grande utilité pour le jeune Médecin. = Trop peu connu. = Il y trouve les conseils les plus sages, au moyen desquels il peut se conduire sûrement dans l'art de pratiquer, avec gloire et honneur. = C'est le tableau fidèle des peines, des jouissances qu'éprouve sans cesse le Médecin lorsqu'il est auprès du Malade, de quelque condition qu'il soit. = Quand on a lu ce livre, on se sent électrisé; on voudrait trouver sur le champ l'occasion d'exercer le bien qu'il porte à faire. =

= Si j'ai jamais le bonheur de terminer ma carrière après avoir fait en pratique ces sages préceptes, j'aurai bien vécu pour l'humanité, et on aura à regretter en moi, un bon Citoyen, un bon Ami, et le plus Vertueux et le plus utile de tous les hommes. = C'est-là ma seule ambition, et l'idée de l'avenir me procure d'avance de délicieuses jouissances!.... =

Cette note fut écrite par mon mari, vers sa

vingtième année. 33 ans plus tard, quand je la retrouvai dans ses papiers d'étudiant, il venait de sacrifier à la France, la noble et vertueuse existence par laquelle il justifia les sentimens qu'il exprime ici.

J'offre cette note à ses amis. Que d'actions touchantes elle va leur rappeler!

Je l'offre à l'humanité qu'il honora par ses vertus, à l'humanité pour laquelle il a si bien vécu.

Je l'offre à ses concitoyens. Il est mort pour eux. Ceux d'entre eux dont il sécha les larmes (et ils sont nombreux), diront combien est pleine et méritée, cette réputation qu'il ambitionna! Précieux héritage de ses enfans!

A ceux qui ne l'ont pas connu, je voudrais, par chaque action de sa vie, peindre son ame, si belle! son coeur si sensible, si tendre! si tendre! oh oui! mais quand ces souvenirs étayent ma frêle existence, leur expression est au-dessus de mes forces, et je ne peux hélas! que le pleurer.

Que ces lignes tracées par lui fassent au moins connaître cet ardent amour de l'humanité qui inspira sa vie entière, et en hâta le terme. Par cette mort hélas! il a conquis la gloire; mais dès long-temps les bénédictions de ses concitoyens étaient le prix de sa généreuse existence et devaient lui survivre. Puisse leur expression consoler sa belle ame du regret que lui cause sans doute notre profonde douleur!

E. Letellier Vᵉ Miel

AVANT-PROPOS.

Cette Notice était destinée au *Moniteur*; elle devait paraître pour l'anniversaire des journées de Juillet; moins étendue alors, elle suffisait toutefois pour faire connaître mon frère, et dans lui, un de ces caractères qui semblent appartenir à l'antiquité.

Mais l'honorable rédacteur de ce journal, mon ami et celui de mon frère, me représenta que les nombreux matériaux politiques et les débats parlementaires ne lui permettaient pas d'insérer en ce moment un morceau qui eût occupé trop d'espace. Cet obstacle, que l'amitié de M. Sauvo n'a pu écarter, ayant dû se reproduire, pour les mêmes motifs, auprès de tous les journaux quotidiens, je publie à part cet hommage fraternel, dans l'espérance que les feuilles publiques en prendront volontiers des extraits, qu'elles le recueilleront par fragmens, et qu'ainsi la biographie de mon frère, de même que son nom, échappera à l'oubli.

J'ai profité de ce délai pour compléter mes souvenirs; tous les détails de mon récit sont authentiques; ceux que j'ai supprimés, comme trop minutieux, intéresseraient encore. J'ai peint Miel par sa vie entière, par ses actes extérieurs, par des mots émanés de son ame. Narrateur fidèle, j'ai mis en lumière une existence pleine, ntile, riche de bonnes actions; j'ai montré à la société un homme de bien.

Cet homme de bien, mort pour la patrie, est le modèle du garde national, et c'est là son titre de gloire. Dédier son histoire à cette milice citoyenne, que mon frère honora, puisque, du milieu de ses rangs, il s'est élancé au Panthéon, c'est présenter à la garde nationale, au jour de l'an, un hommage véritablement digne d'elle.

Quant à cette révélation d'une vie privée, qui, sans les événemens de 1830, serait probablement restée inconnue au public, je n'y vois aucune inconvenance. Il était de mon devoir d'élever ce monument à mon frère, et la chose en elle-même me parait tout-à-fait conforme à l'esprit de nos institutions. Concourir à la confection des lois de son pays, leur obéir, résister à leur violation, mourir pour leur défense, telle est la vraie liberté. Sous l'empire d'une Charte constitutionnelle, tout citoyen, en accomplissant ce noble rôle, peut devenir un personnage historique. Dans tous les temps sans doute Hampden aurait été un homme que ses talens eussent fait sortir de la foule; mais sans son refus de payer une taxe illégale, qui pourrait dire s'il eût obtenu les honneurs d'une biographie?

Paris, le 26 décembre 1831.

NOTICE

Sur Miel le jeune,

UN DES MORTS DE JUILLET.

Hommage à la mémoire de mon Frère.

PARMI les citoyens morts pour la défense des lois et de la liberté, les 27, 28 et 29 juillet 1830, il en est plusieurs dont on peut dire, sans partialité, qu'ils se détachent en relief sur ce fond d'héroïsme. A leur tête, j'ose placer mon frère. Indépendamment de sa position sociale et de sa prééminence dans une des branches de l'art de guérir, son âge, son grade de capitaine dans la garde nationale, l'honneur d'avoir été frappé sous l'uniforme, au premier rang, et peut-être le premier, dans la plus décisive des trois journées, m'autorisent à le mettre en avant de ce glorieux cortége.

Le sacrifice qu'il a fait à sa patrie est incalculable : considération, aisance, bonheur domestique, charme de l'amitié, délices des arts, au premier appel, il a tout immolé. Tout a été perdu pour lui, jusqu'à la triste prérogative d'une sépulture distincte. Les honneurs publics rendus à sa mémoire n'en laissent pas moins à ses proches le regret de ne pouvoir aller pleurer sur sa tombe dans la solitude; ce recueillement d'une pieuse douleur est interdit à ses parens et à ses amis. Sa famille n'a pu que planter un drapeau en son honneur sur la fosse commune, où il gît confondu dans la foule des braves, et la Notice que je publie est le seul monument qu'il soit au pouvoir des siens de lui consacrer.

On ne doit pas s'attendre au récit de faits éclatans. Il ne s'agit pas d'un de ces personnages placés dans les hautes régions de la société, et dont l'exemple, au surplus, est à-peu-près inutile au commun des hommes. C'est l'histoire privée, mais non vulgaire, d'un simple particulier, qui, ayant vécu dans l'estime de ses concitoyens, fut un héros en mourant pour eux. Dans le cours ordinaire des choses, la vie de mon frère, pleine de bonnes œuvres, eût été suivie de bénédictions; mais les détails en seraient restés dans le souvenir des seuls amis. L'acte sublime qui la termina, l'a couronnée de gloire, et l'auréole s'en réfléchit sur cette vie tout entière. La fortune semble ainsi permettre que quelques-unes de ces existences, qui furent un tissu de vertus pratiquées en secret et de devoirs accomplis sans témoins, se produisent de temps en temps au grand jour, pour devenir une leçon profitable à tous.

Quel dévouement fut plus généreux que celui de mon frère? Il n'avait ni places, ni fortune, ni distinctions à obtenir d'une révolution, quelle qu'elle fût. Les chances du hasard n'avaient plus de prise sur sa carrière; il avait conquis son avenir. Un des praticiens les plus renommés de la capitale, il possédait tous les avantages qui sont le fruit de la confiance publique, et il lui était permis d'en jouir comme de son propre ouvrage. Sous tous les régimes politiques, ces justes prérogatives du talent et de la conduite lui étaient acquises; son nom, tel qu'il se l'était fait, était assez honoré. Son ambition était donc satisfaite à tous égards, et sans les prévoyantes sollicitudes du père de famille, il pouvait se croire arrivé à l'heure du repos.

Mais les atteintes progressivement portées à nos institutions le tourmentaient; une ame de cette trempe ne pouvait être indifférente à un système de gouvernement en opposition avec les lois constitutionnelles du pays, et souvent il s'en expliquait avec chaleur.

Tout-à-coup le pacte social est violemment rompu; un attentat impie mutile cette Charte, dont le maintien avait été juré devant Dieu et devant les hommes; les libertés de la France sont en péril, l'ordre public est menacé. Mon frère n'entend plus que la voix de la patrie. Il s'arrache à ses affections, à ses douces habitudes, aux jouissances de son esprit et de son cœur; citoyen avant tout, il court où l'appelle son devoir de citoyen, et il succombe en l'accomplissant. Ce sacrifice, digne des temps antiques, a quelque chose de si spécial, qu'outre le panégyrique commun à tous les martyrs de Juillet, mon frère a droit à un hommage particulier. C'est à moi qu'il appartient de le lui rendre, à moi, qui lui survis seul de notre nom, qui l'aimai comme un frère et comme un fils, qui ne puis me consoler de sa perte qu'en le faisant connaître tel que je l'ai connu. Cet hommage, ô mon frère! sera ta biographie; je l'écrirai pour la gloire de ta famille, pour l'honneur de ta ville natale, pour l'exemple de tes concitoyens. Ta vie, je le répète, fut plus remplie de vertus que d'actions brillantes; mais ta mort t'a rendu immortel; admis dans le Panthéon français, tu as mérité le monument que l'histoire consacre aux hommes célèbres : le dévouement civique est la première des illustrations chez un peuple libre.

Edme-Marie MIEL naquit le 23 mai 1777, à Châtillon-sur-Seine, petite ville de Bourgogne, devenue célèbre par les événemens de 1814. Jean Miel, notre père, organiste et bon musicien, enseignait la musique; Claudine Louis, notre mère, était fille d'un sculpteur habile et dessinait bien. Mon frère était mon puîné de deux ans. Toutes les impressions de son enfance développèrent en lui le goût des arts, qu'il avait sucé avec le lait. Comme il était doué d'une rare dextérité manuelle, le violon fut mis de bonne heure entre ses mains. Le jeune musicien surpassa les espérances qu'il avait fait concevoir. Il est vrai que son éducation musicale fut suivie avec la plus tendre sollicitude.

Mais cette occupation ne satisfaisait pas entièrement son instinct d'adresse et de combinaison. Notre père avait un atelier de me-

nuiserie et de lutherie : il ne voulait pas que son fils se servît, même
dans ses jeux, des instrumens de l'ouvrier, craignant qu'un exercice
trop fatigant ne lui appesantît la main. Mon frère trouvait le moyen
de se procurer furtivement les outils dont il avait besoin, et trans-
portant son établi dans le lieu le plus écarté de la maison, il devenait adroit et inventif, en dépit des précautions paternelles. C'est
que la force de l'organisation le dominait. Aussi industrieux par
l'intelligence que par les doigts, il réussissait dans tout ce qu'il
voulait entreprendre; il apprenait par les yeux; il lui suffisait
d'avoir vu faire une chose pour la faire lui-même, et presque toujours du premier coup. Mais point de latin, point de grec, point
d'humanités. Au bout de deux ans à-peu-près perdus au collége, mon
père l'en retira. L'étude des langues anciennes était peut-être la seule
pour laquelle Miel n'eût point d'aptitude. Cependant, comme il par-
lait et écrivait très-bien sa propre langue, ce désavantage semble
accuser plutôt l'imperfection des méthodes en usage alors, que découvrir un côté faible dans cette excellente tête. Quoi qu'il en soit,
je note le fait, parce qu'il ne fut pas sans influence sur sa carrière.

La révolution éclata; les projets d'art s'évanouirent ou furent
ajournés. Une levée extraordinaire d'hommes eut lieu dans les
départemens de l'Est; Miel fut enrôlé, quoiqu'il n'eût guère plus
de seize ans. Comme sa croissance avait été rapide, il était grand,
effilé, et paraissait d'une constitution faible ; mon père s'opposait
à son départ, et insistait sur ce motif d'exemption. *Tranquillisez-
vous*, lui dit l'officier; *avant trois mois, votre fils sera le plus bel
homme du régiment.* La prédiction se vérifia. Le maniement des
armes, les manœuvres militaires, les fatigues du camp, fortifièrent
bientôt un adolescent qui semblait né pour tous les exercices du
corps; l'équitation, l'escrime, la natation lui devinrent familières ;
il excella jusque dans la danse. En même temps, son ame s'exaltait
aux premiers accens et aux premiers combats de la liberté. A son
retour, c'était un des hommes d'élite dans une localité remarquable
par la beauté de sa population. Aussi, d'une voix unanime, il fut

désigné pour faire partie du contingent que le district de Châtillon devait fournir à l'école de Mars. Un tel choix était un ordre auquel il n'y avait pas à résister.

L'école de Mars était établie dans la plaine des Sablons, en face du bois de Boulogne. On n'a jamais bien connu le but réel que le Comité de Salut public s'était proposé, en plaçant ainsi sous sa main trois mille jeunes gens armés, la fleur de la jeunesse française. Ce qu'il y a de certain, c'est qu'il y mettait le plus grand intérêt, puisque la création de l'école polytechnique fut subordonnée à celle de l'école de Mars. L'objet apparent et avoué de l'institution était de préparer des défenseurs, des fonctionnaires, des citoyens, qui, vivant sous la tente, prenant les repas en commun, travaillant sous les yeux des représentans du peuple, fussent convaincus de bonne heure *qu'ils appartenaient à la famille générale, avant d'appartenir à la famille particulière.* C'étaient les termes du décret.

Cette éducation était celle de Sparte. Elle semblait destinée à former des hommes aveuglément dévoués au système d'alors, des espèces de Séides, qu'on préparait, par le régime militaire le plus rude, à une obéissance passive, et que l'on maintenait dans un état de séquestration complet. Sous ce rapport, comme sous bien d'autres, les prévisions des fondateurs furent étrangement trompées, puisque la seule participation de l'école de Mars à un acte public fut d'entourer l'échafaud de Robespierre, deux jours après le 9 thermidor.

L'isolement où Miel était tenu et le peu d'aliment que des exercices et des évolutions fournissaient à un caractère aussi avide d'apprendre, le livrèrent à un ennui qu'il ne pouvait vaincre. Son aptitude à réfléchir demeurait inactive, et les objets d'étude lui manquaient. Mais cet esprit curieux sut en trouver où il n'en aurait probablement pas existé pour d'autres que pour lui. D'après la discipline rigoureuse du camp, il n'y avait point d'hôpital séparé ; les malades étaient traités sous des tentes qui formaient une espèce d'ambulance. Miel passait à circuler autour de ces dépôts le temps dont il lui était permis de disposer ; il y rencontrait de jeunes chirurgiens avec lesquels il lia connaissance. De ce moment, il eut ce qu'il lui fallait, une société, des conversations instructives et des livres.

Ces livres étaient des ouvrages de médecine. Miel se familiarisa peu-à-peu avec les leçons de cette science, et par ses propres lectures, et par les explications qu'il reçut de ses nouveaux amis. Ceux-ci l'admirent avec eux dans l'intérieur des tentes. Bientôt il fut en état de leur être utile auprès des malades. L'extrême facilité de conception dont il était doué, son habileté rapidement croissante dans les détails des pansemens, et surtout les comptes qu'il rendait des changemens survenus dans l'état des malades pendant l'absence des médecins, intéressèrent en sa faveur. L'attention des chefs se fixa sur lui, et il suffisait qu'il fût connu pour être apprécié. Au bout de quelque temps, il obtint l'exemption d'une partie du service militaire, qu'il remplaça par un autre service auprès des malades. Pour prix de ses soins, il reçut, à titre de gratification, la récompense qui pouvait le flatter le plus, un certain nombre de livres de médecine, les premiers qu'il ait eus.

Un cours d'anatomie, qui s'ouvrit à l'école de Mars, fortifia son goût pour les études médicales. Après la dissolution du camp, rentré dans ses foyers, il continua de s'en occuper avec ardeur et succès. A cette époque, le gouvernement, obligé d'improviser un service de santé pour les armées et les hôpitaux militaires, envoyait des élèves spéciaux dans les diverses écoles de médecine de France. Miel obtint au concours une place d'élève-pensionnaire à celle de Strasbourg, d'où il fut appelé par les autorités départementales de la Côte-d'Or à l'hôpital militaire de Dijon. Trouvant dans cette ville attique toutes les ressources dont il avait besoin pour achever son instruction, et toujours entraîné par un penchant héréditaire, il consacrait aux arts tous les loisirs que ses devoirs lui laissaient. Il apprit à dessiner et à modeler sous le célèbre professeur Devosges ; il modelait avec facilité et avec talent, même des camées. La connaissance de l'art plastique lui fut très-utile dans la suite pour une branche importante de la chirurgie de la bouche ; car il put modeler lui-même, et par conséquent mieux que tout autre, des pièces dont la forme rigoureusement exacte faisait le mérite et la difficulté. Bientôt il ne tarda pas à comprendre que la musique ne pouvait plus être pour lui qu'un art d'agrément, et il quitta le violon pour le violoncelle, instrument dont il jouait d'une manière fort remarquable comme amateur. Ce talent le fit rechercher dans la société, et lui procura des relations utiles.

Cependant ses connaissances médicales, acquises sans méthode et sans suite, devaient être fort décousues. Il sentit la nécessité de les lier par une doctrine régulière ; il vint à Paris, et il eut le courage de les reprendre en sous-œuvre, c'est-à-dire, de les recommencer. Élève distingué, il fut admis à l'hospice de perfectionnement, puis à l'Hôtel-Dieu comme interne ; partout il se signala par la sagacité du coup-d'œil, par la profondeur et la netteté de l'observation, par la rectitude du jugement, par l'adresse de la main.

Miel réunissait toutes les conditions nécessaires à un succès de vogue dans la haute chirurgie. Mais une certaine timidité naturelle, qui était la suite de sa rare modestie, et une sorte de défiance de lui-même, inspirée par cette lacune de sa première éducation où les langues anciennes n'avaient pas trouvé place, auraient peut-être rendu ce succès problématique. Le titre de docteur, qui, aux yeux des gens du monde, complète le médecin, lui manquait. Il sentait le besoin de ce grade ; mais après avoir pu en acquérir le savoir, il n'avait pas osé en conquérir le diplôme. D'un autre côté, il était impatient de mettre un terme aux sacrifices que la tendresse de ses parens les déterminait à s'imposer pour lui. Cette position lui donna l'idée de se consacrer à une spécialité de l'art de guérir. Sûr de sa probité, il choisit avec discernement celle qui avait été le plus livrée à l'empirisme : il fut dentiste. Il fit l'apprentissage de cette profession, d'abord sous Laforgue, opérateur habile, puis sous Lavéran, qui passait alors pour le plus versé dans la pathologie de la bouche.

Plein de candeur et de droiture, il crut pouvoir seul, sans appui, sans prôneurs, se faire une clientelle. Il forma donc un établissement à Paris, mais sans réussite. Il essaya aussi de s'établir en Allemagne, et ne fut pas plus heureux. Là, sa bourse étant épuisée, il chercha une ressource dans le talent qu'il avait toujours cultivé depuis son enfance. Mais dans ce pays, où la musique fait partie de l'éducation populaire, il eut plus d'une fois le désappointement de trouver, dès la première leçon, des élèves plus habiles que leur maître. Dans la suite, il racontait plaisamment ces disgraces.

Le temps des épreuves ne fut pas de longue durée. Ses parens et ses amis, qui l'avaient vu quitter Paris avec regret, l'y rappelèrent; il y revint. Peyre le jeune, architecte du gouvernement, lié avec Miel comme musicien, venait d'être nommé architecte de la Légion-d'Honneur, et chargé de réparer l'hôtel de la grande chancellerie; il l'attacha au bureau des bâtimens. Mon frère s'y rendit très-utile par la multiplicité et la variété de ses industries, quittant au besoin les écritures et les calculs pour dessiner des plans et des détails de construction, mouler des ornemens, panser de malheureux ouvriers qui se blessaient en exécutant les travaux. C'est dans ce poste qu'il connut Dupré, aujourd'hui l'un de nos plus habiles peintres. Le jeune artiste venait tous les jours au bureau, pour apprendre l'architecture. Il se forma entre mon frère et lui une de ces liaisons sur lesquelles l'absence ni le temps n'ont aucune prise. Je dois à cette amitié le portrait placé en tête de cette Notice.

Attaché à l'administration de la Légion-d'Honneur, Miel fut admis dans les réunions musicales où se trouvait l'illustre Lacépède, grand-chancelier de l'Ordre; il lui inspira personnellement beaucoup de bienveillance. Ce savant était idolâtre de l'art des sons, et il avait chez lui des concerts, dont Miel fit partie. Pendant qu'on réparait l'hôtel, le plus ancien ami du chancelier faillit être étouffé sous un écroulement de matériaux. Miel, qui se trouvait là, eut le bonheur de le dégager, et probablement de lui sauver la vie. Cet événement redoubla l'intérêt que Lacépède portait à mon frère.

Les changemens survenus dans sa fortune le mirent en état de

succéder au cabinet de Lavéran, son véritable maître. Ce respectable
vieillard le traita constamment en fils d'adoption; il aimait à dire
qu'il était heureux de se voir remplacé par un disciple qui lui ferait
honneur. La maison impériale d'Écouen s'étant organisée, Lacépède y attacha mon frère en qualité de dentiste; il lui donna le
même titre à la maison impériale de Saint-Denis. Ces honorables
marques de confiance firent entrer dans sa clientelle la plupart des
grands établissemens d'éducation, l'école polytechnique, le collége
de Henri IV, celui de Sainte-Barbe, et les principaux pensionnats de
la capitale. Sa nouvelle position tourna au profit de la science.
Chargé de soigner la bouche d'un grand nombre d'enfans et d'ado-
lescens des deux sexes, il était dans une position très-favorable, et
peut-être unique, pour observer le passage d'une dentition à l'autre.
Ce fait curieux pour le physiologiste, est, pour le dentiste, plus
intéressant encore, puisqu'il s'agit d'exécuter à temps les opérations
qui doivent favoriser l'arrangement régulier de la seconde dentition.
Mais comme la marche du phénomène est cachée dans l'épaisseur
des os maxillaires, l'observation en est difficile. Miel étudia pendant
près de vingt ans le mystère de cette transition; il publia successive-
ment à ce sujet plusieurs mémoires, qu'il accompagna de ses propres
dessins. La Société médicale d'Émulation, dont il était membre,
accueillit ces essais, et les inséra dans son recueil. Le juge le plus
compétent de ces travaux, le grand Cuvier, avait bien voulu lire
en manuscrit la première dissertation, et il l'avait lui-même annotée
de ces mots encourageans : *J'engage l'auteur à continuer ses recherches; il est dans la bonne voie.* Mon frère fut docile au conseil
de l'homme de génie; il consacra presque toute sa vie de praticien
à épier en ce point le secret de la nature ; enfin il exposa son système de doctrine dans un ouvrage imprimé en 1826, et intitulé :
*Recherches sur l'art de diriger la seconde dentition, ou Considérations
théoriques et pratiques sur les rapports entre les deux dentitions dans
l'homme et sur le mode d'accroissement des mâchoires* (1). Il en résulte

(1) Un vol. in-8°, avec planches.

que l'arc maxillaire ne prend pas d'extension entre la première dentition et la seconde, et que les dents secondaires destinées à remplacer les dents de lait n'ont que la même étendue pour se loger. Si les nouvelles incisives sont augmentées de volume, il n'y a pas pour cela un allongement de la courbe antérieure; il y a seulement une inversion de rapports et un échange d'espaces entre les incisives et les petites molaires. A la première dentition, les dents centrales sont petites et les latérales grosses ; à la seconde, les dents centrales sont larges et les latérales étroites. Mais la régularité de l'arrangement des dents nouvelles exige toujours que celles-ci soient dans un juste rapport de dimension avec les premières; s'il y a disproportion, tout arrangement régulier devient impossible; à la dent qui manque de place, les dents voisines opposent une résistance qu'elle ne peut vaincre; elle se déjette donc nécessairement, et ce désordre persévère pendant toute la vie, à moins qu'on ne supprime la dent déviée, ou celle qui a provoqué la déviation; c'est-à-dire que la nature , abandonnée à elle-même, demeurerait impuissante, et que l'art seul peut rétablir le rapport normal. C'était au surplus le précepte des meilleurs praticiens. Ainsi les nouvelles recherches physiologiques, loin de jeter aucun doute sur la bonté des traditions, n'ont fait que confirmer celles-ci. Mais comme l'opportunité de ces pratiques était contestée par d'imposans adversaires, il importait d'en asseoir la théorie sur une base solide et désormais inattaquable. C'est le service que Miel a rendu à son art, et il n'y a plus aujourd'hui aucun dissentiment entre les dentistes. Des faits observés finement et jusqu'alors inaperçus, des vues neuves aussi justes que profondes, des analogies tirées de l'anatomie comparée, d'heureux emprunts faits à la géométrie , des calculs précis , une logique serrée, une force de déduction peu commune, une polémique pleine de mesure et de convenance, beaucoup de modestie, un empressement remarquable à saisir toutes les occasions de rendre justice aux devanciers, un style qui porte la conviction dans l'esprit, parce qu'il est le produit de la conviction, telles sont les qualités qui font sortir cet écrit de la ligne

vulgaire. Lacépède avait permis que l'ouvrage parût sous ses auspices ; mais il mourut avant l'impression. Mon frère n'en plaça pas
moins le nom de son bienfaiteur en tête de cette dédicace, hommage
posthume de la mémoire du cœur.

Il fut lié avec toutes les célébrités médicales de son époque. Pel-
letan, qui avait été son professeur et qui le distinguait, Bourdier,
médecin de l'impératrice Marie-Louise, le baron Larrey, Gall et
Spurzeim, dont il embrassa les idées avec ardeur, le docteur Duval,
son confrère, qui le suppléait et qu'il suppléait, en cas de maladie,
les docteurs Duméril, Roux, Marc, Gorce, Cullerier, Jadelot,
Biett, Rougeot-Desessarts, Alard, Ferrus, avaient pour lui autant
d'estime que d'affection ; les trois derniers étaient ses intimes ; la
plupart fréquentaient sa maison ; tous furent ses amis, et de plus,
ses cliens. Quand ils étaient condamnés à quelque opération de la
bouche, c'était à lui qu'ils s'adressaient, et j'ai vu chez mon frère
plus d'un médecin renommé quitter le fauteuil du salon pour aller
s'asseoir sur celui du dentiste.

En 1809, Miel épousa Élisa Letellier, dont il a eu deux filles.
L'éloge de cette compagne de sa vie est dans la vivacité et la persé-
vérance des sentimens qu'elle sut lui inspirer. Elle contribua non
seulement à son bonheur, mais encore à l'agrément de sa société.
Des hommes distingués dans tous les genres en faisaient partie, et
leur conversation le rendait heureux. On s'y occupait des sciences et
des arts, des arts surtout, dont les produits décoraient en grand
nombre son habitation. Parmi ces produits, on remarquait plusieurs monumens de famille, des sculptures de notre aïeul, des
dessins de notre mère, une vue de la maison paternelle, ouvrage
du peintre Bouhot, notre compatriote et notre ami. Mon frère aimait à s'entourer de ces souvenirs. Les artistes se plaisaient chez
lui, et, au milieu d'eux, il semblait être un des leurs ; aussi se consi-
dérait-il comme leur appartenant par ses goûts et par ses essais.
Désintéressé, comme le sont généralement les artistes, il aurait été
peiné de recevoir d'eux la moindre rétribution dans l'exercice de

son état. Par suite de ces relations aimables avec de grands talens il put jouir de tout ce que les arts ont de plus attrayant et de plus enchanteur. Il eut des réunions musicales, où les premiers virtuoses, Baillot, Baudiot, Lamare, Tariot, Norblin, Vidal, Guesnée, Launer, Tulou, Bouffil, exécutaient des morceaux choisis. Nicolo, qui chantait en s'accompagnant du piano, y faisait entendre les prémices de ses opéras. David, le restaurateur de notre école de peinture, le baron Gros, son illustre disciple, Granet, Dupré et Bitter, ses élèves d'une date plus récente, Prud'hon, Van-Spaendonck, Bertin, Thiénon, Bouhot, Jacob, Mme. Jacotot, les frères Devéria, Horace Vernet, qui vient de terminer à Rome un portrait de Miel qu'il avait très-avancé en partant pour l'Italie, et dont sans doute s'enrichira notre prochaine exposition du Louvre ; le statuaire David ; le ciseleur Delafontaine ; Jacquet, l'habile mouleur du Musée royal ; les architectes Fontaine, Peyre, Huyot, Guénepin, Trocquet, qui s'honore de faire remonter ses rapports de confiance avec Miel à plus de trente années ; les graveurs Bervic, Henriquel Dupont, Toschi, Victor Texier ; le graveur en médailles Dépaulis ; tous aimaient mon frère, tous l'encourageaient, tous étaient étonnés de ses dispositions, et reconnaissaient en lui, d'une commune voix, l'organisation de l'artiste. Lui-même excellait dans la représentation des objets relatifs aux sciences, et les dessins arabesques improvisés par lui décélaient une imagination, une verve, une adresse à tirer parti de tout, qui aurait fait honneur à l'ornemaniste le plus habile. Ses idées sur l'art en général étaient saines, parce qu'elles avaient été puisées à de bonnes sources ; elles étaient solides et justes, parce qu'il les avait raisonnées et coordonnées. Il y avait, selon lui, dans les arts, une partie technique à la portée de tout le monde, et bien avant que les méthodes de l'enseignement élémentaire ne se fussent dirigées vers cet objet, il voulait que le dessin entrât, comme l'écriture, dans toute éducation, pour toutes les professions et pour toutes les fortunes. Les jouissances que lui procuraient les arts libéraux n'avaient pas réfroidi son amour pour les arts mécaniques ; il était ravi de ce qu'il y avait d'ingénieux dans les procédés industriels; il s'arrêtait curieusement devant les fenêtres des ateliers, et s'il était alors dans la compagnie de quelqu'un, il fallait que son compagnon de promenade partageât cette curiosité. Naïf dans ses admirations, il n'imaginait pas un plus grand plaisir à procurer à ses amis, que de les faire assister à une séance de la Société d'Encouragement pour l'industrie nationale.

Croirait-on que tant de bonhomie s'alliait avec une fermeté stoïque, quand il s'agissait d'un grand intérêt? Dans ces circonstances, Miel prenait son parti de sang-froid, et une fois pris, il exécutait sa détermination avec une force de volonté inébranlable. Abnégation, dévouement, résolution réfléchie et arrêtée, soumission calme à la nécessité, tel était l'homme. Lors de la réorganisation de la Garde Nationale, en 1813, il fut nommé capitaine, et à la première invasion, il fut envoyé avec sa compagnie dans le parc de Monceaux, séparé de l'armée ennemie par un simple fossé, assez large, mais peu profond. Avant de s'y rendre, il dit à sa femme et à ses enfans : *Vous m'êtes plus chers que la vie; mais quelque chose crie au fond de mon cœur que le bonheur particulier doit céder à l'intérêt général.* C'était la maxime de l'école de Mars, fortement gravée dans son ame. Il partit le cœur serré, et de ce poste périlleux, il écrivit à sa femme : *Je suis à toi à la vie et à la mort.* C'est ainsi qu'en 1814, il préludait à 1830.

Sa vie entière fut consacrée à la bienfaisance, ou plutôt, elle fût la bienfaisance en action. Son obligeance savait prendre toutes les formes; ses nombreuses relations sociales lui permettaient de l'exercer de mille manières, et toujours efficacement. De toutes les vertus morales, aucune n'est plus favorable que celle-ci au développement d'un caractère; comme elle doit se modifier elle-même selon les maux qu'elle veut soulager, elle semble analyser l'ame, et elle en manifeste toutes les nuances par la diversité des services qu'elle rend. Quelle qualité voulez-vous connaître en mon frère? Son courage? Fort jeune encore, il se précipita dans la Seine, en face de Passy, pour aller, à la nage, au secours d'un enfant qui se noyait, et il le sauva. Son active et persévérante sollicitude ? Un autre enfant vient le trouver un matin, et le prie d'acheter ses dents. Mon frère croit qu'il s'agit de dents humaines enlevées sur un sujet mort pour servir à réparer les brèches d'une bouche vivante, art qui n'est pas nouveau dans le monde, puisque l'antiquité nous a transmis des rateliers postiches conservés dans des tombeaux. Miel demande donc à voir les dents. Le malheureux enfant ouvre la bouche, et montre la belle denture de la première jeunesse. Saisi d'indignation, mon frère veut savoir quel est le misérable qui envoie faire une telle proposition. L'enfant répond en pleurant qu'il a ouï dire que les dentistes achetaient des dents, et qu'il vient offrir les siennes pour procurer quelque soulagement à sa mère. C'était la veuve d'un officier de santé qui avait péri dans la campagne de France; délaissée par le gouvernement, elle était dans une profonde détresse. Miel donne à l'enfant les premiers secours; dès le soir même, il visite la mère, à laquelle il fait obtenir, quelque temps après, une pension, puis il met à ses frais le fils en apprentissage. Veut-on connaître sa grandeur d'âme ? Un élève distingué de l'école normale sans fortune, mais un peu son parent, lui fut adressé par un ami commun. Les premiers mots de conversation le frappèrent, et croyant découvrir quelque chose d'extraordinaire dans le regard du jeune homme, d'où jaillissaient des éclairs : *C'est un homme de génie qu'il faut conserver à la France*, s'écrie-t-il, et aussitôt il l'admet à faire partie de sa famille, pourvoit à son éducation médicale, lui procure plusieurs places, et lorsqu'une ardeur immodérée pour l'étude eut malheureusement consumé l'existence de ce fils d'adoption, il soigne ses derniers momens comme aurait fait un père.

On l'a vu recueillir un pauvre petit ramoneur, qui, dans un feu de cheminée, suffoqué par la chaleur, était tombé sur l'âtre sans connaissance; non content de le secourir, Miel le questionne avec intérêt, et trouvant qu'il réunit de bons sentimens à une figure heureuse, il lui fait apprendre un métier meilleur. Un jour, il se rencontre à dîner avec le maire d'un village de Bourgogne, qui, pillé par les Cosaques, s'était réfugié à Paris avec sa femme et sa fille. La famille était ruinée et sans ressource. Miel voit des larmes dans les yeux du vieillard. Aussitôt il quitte la table sans rien dire, sort et ne rentre que pour annoncer à ces braves gens qu'il leur a procuré du travail. Il n'en reste pas là; il obtient pour les vieux époux un poste honnête et stable dans un des pensionnats de sa clientelle, et comme le sexe de leur enfant était un obstacle, il s'en charge et il l'élève avec ses propres filles. Une autre fois, un jeune chirurgien se présente à lui, sans autre recommandation que sa jeunesse et son infortune; il lui fait la peinture d'une position désespérée, et le prie de lui apprendre l'état de dentiste, offrant pour tout dédommagement une éternelle gratitude. C'était encore un compatriote malheureux. Miel ne se borne pas à l'instruire; il le soutient, il le défraye et ne discontinue ses soins que quand son disciple est arrivé à une indépendance certaine, lui cédant même les nombreux cliens qu'il avait dans la province natale, où le jeune homme va s'établir. Ces deux derniers traits sont connus de toute la Bourgogne; c'est la reconnaissance qui les a publiés; ils achèvent de montrer à quel point l'obligeance de Miel était prompte, spontanée, compâtissante, délicate, ingénieuse, infatigable! Que de larmes furent séchées par mon frère! Que de personnes sont sorties de chez lui, consolées par les secours de sa bienfaisance, en même temps que soulagées par ceux de son art! Combien de fabricans et de marchands ont trouvé dans sa libéralité les moyens de faire face à de pressans besoins! On l'a vu engager son argenterie, recourir même à des emprunts, pour empêcher telle maison de suspendre ses paiemens. Il est tel peintre, tel musicien, qui, sans sa généreuse hospitalité, n'aurait pu attendre l'à-propos si nécessaire à un début dans la carrière des arts. L'être bienfaisant semblait se multiplier en lui, par le nombre et la diversité de ses bienfaits.

Comme médecin, Miel obtint la confiance par son talent, l'estime par son caractère, le respect par sa probité. Sa pratique ne fut jamais frelatée par le charlatanisme; il en avait horreur. On le savait, et ses décisions en avaient d'autant plus d'autorité. Toutes les personnes qui le consultaient, étaient sûres d'entendre la vérité sans détour; dans le langage qu'il leur adressait, franc, mais persuasif, il les décidait sans peine aux opérations qu'il avait jugées indispensables; il venait à bout même des enfans. Profondément versé dans la connaissance des affections de la bouche, il trouvait, pour les cas difficiles, des ressources inattendues, et laissait rarement le malade sans espérance. Le célèbre docteur Roux s'exprime ainsi dans un mémoire sur la *Staphyloraphie,* ou suture du voile du palais, publié en 1825 : « J'espère beaucoup plus de la compression que de » l'autre moyen. Le difficile est de trouver pour cette compression » un procédé qui n'entraîne pas de trop grands inconvéniens. Pour » y parvenir, je me suis entouré des lumières d'un dentiste avec qui » je suis lié d'amitié depuis long-temps, M. Miel, dont on connaît » la solide instruction et le zèle pour les progrès de l'art qu'il » cultive. Ensemble nous avons dirigé un jeune mécanicien fort » habile, dans l'invention d'un appareil. » La mort prématurée de mon frère a été une perte difficilement réparable pour la spécialité à laquelle il s'était voué. La note de sa main, trouvée par sa veuve dans ses papiers d'étudiant, et placée en tête de cet écrit, prouve qu'il s'était fait de bonne heure la plus haute idée des obligations du médecin; il les a toutes remplies.

Comme homme, il rencontrait toujours dans son premier mouvement une inspiration généreuse, et ce premier mouvement se terminait souvent par un acte de bienfaisance. Il fut attaché pendant quinze ans à un dispensaire, et jamais le pauvre ne réclama vainement son secours; il était rare qu'il ne s'associât pas à un projet conçu dans des vues philantropiques. La bienfaisance était pour lui un besoin, et voilà pourquoi, malgré ses talens et une riche clientelle, il n'a laissé à sa famille que l'exemple de ses vertus. Sa physionomie ouverte et pleine de bonté annonçait la candeur et la sensibilité de son ame; toutes les nobles sympathies étaient dans son cœur. Au commencement d'une discussion, son langage avait quelque chose de timide et d'embarrassé ; pendant quelque temps, son opinion ne se manifestait guère que par une pantomime expressive ; mais peu-à-peu il s'animait, sa voix s'accentuait, et son énergie, graduellement développée, finissait par trouver les tours les plus vifs et les mots les mieux appropriés. En même temps, le ton, le geste, le regard étaient si doux, si concilians, qu'on était persuadé avant d'avoir été convaincu ; on arrivait insensiblement à n'attribuer la différence de sentiment qu'à une manière différente d'envisager les choses, et on faisait volontiers le sacrifice du sien. Jamais un ami de Miel ne le quitta mécontent ; jamais un étranger ne se sépara de lui sans le désir de le revoir. Il y avait je ne sais quoi de progressif et d'irrésistible dans l'influence qu'il exerçait, ce qui faisait dire qu'*il se vissait* dans l'amitié de tout le monde. Dans les relations de la vie privée, il était d'une simplicité naïve, tendre dans ses affections, facile dans son intérieur, bienveillant, condescendant, et son caractère, ses habitudes même, retenaient quelque chose du caractère et des habitudes de ceux qu'il aimait et avec lesquels il vivait. Personne n'apprécia plus que lui le bonheur domestique ; personne n'en sut jouir mieux. Il se délassait de ses travaux en instruisant lui-même ses enfans, et il ne manquait pas de faire concourir les arts à la leçon, qui devenait un plaisir. Dans sa famille, chez ses cliens, chez ses confrères, chez les artistes, dans la classe ouvrière, il ne connut que des amis.

Comme citoyen, ses principes furent inébranlables ; il comptait ses sentimens politiques au nombre de ses devoirs. Zélé partisan des doctrines sagement libérales, il fut lié avec plusieurs chefs de l'opposition constitutionnelle ; mais son patriotisme fut toujours exempt de passion, et jamais esprit plus libre ne fut en même temps plus esclave des lois : aussi voyait-il dans l'existence de la Garde Nationale, non seulement le maintien de l'ordre, mais le maintien de la loi, mais une garantie pour la liberté ; et quand, au nom de la loi et de la liberté, il est appelé à payer de sa personne, son action n'a rien d'impétueux ; l'enthousiasme, quelque noble qu'en eût pu être le motif, n'y entre pour rien : c'est la raison, c'est la conscience, qui sont ses guides ; c'est le calme et l'impassibilité de la loi. A cet égard, mon frère a devancé l'éducation constitutionnelle ; il est le modèle du citoyen, tel que cette éducation élaborée par le temps et les institutions, doit le faire en France.

Cependant sa belle conduite était depuis long-temps remarquée. Ses services dans la milice civique, joints à ceux qu'il avait rendus à son art, ayant été mis sous les yeux du Roi, la croix de la Légion-d'Honneur en fut la récompense. Ce ne fut pas pour Miel une vaine décoration. Accoutumé à prendre à la lettre, et dans leur sens absolu, les mots et les choses, il voyait moins dans ce signe une distinction obtenue qu'une obligation imposée. Il fut fidèle à ce qu'il regardait comme un nouvel engagement contracté.

Il avait demeuré pendant vingt-quatre ans sur le quai de l'École, qui fait partie du 4me. arrondissement municipal de Paris ; il était capitaine en premier de la 3me. compagnie de chasseurs du 1er. bataillon de la 4me. légion. Peu de temps après la stupide ordonnance du 30 avril 1827, qui licencia la Garde Nationale parisienne, il transféra son domicile à la place de la Bourse, dépendante du 3me. arrondissement. Le 28 juillet 1830, lorsque le tocsin de la révolution se fit entendre, Miel était dans un état de souffrance, et gardait la chambre depuis un mois. Une colonne de gardes nationaux, les uns en uniforme, les autres en habit bourgeois, paraît sous ses fenêtres. Partie de la mairie du 4me. arrondissement, après avoir fait une halte sur la place de l'Oratoire, vis-à-vis du Louvre, elle s'était remise en route par les rues du Coq et Croix-des-Petits-Champs, et s'était dirigée vers la place des Victoires. Là, elle avait fraternisé avec un bataillon du 15e. léger, qui débouchait aussi sur la même place par la rue de la Feuillade, puis elle avait suivi la rue Notre-Dame-des-Victoires, pour prendre position rue des Filles-Saint-Thomas, en face de la Bourse.

A cette vue, Miel descendit sur la place, et demanda quelle légion stationnait là. Sur la réponse que c'était la quatrième : *Mes amis,* dit-il, *je suis un ancien officier de votre légion, et quoique je n'habite plus votre quartier, je sens encore aux battemens de mon cœur, que je suis digne de marcher avec vous.* Ainsi, ce cœur qui avait palpité si jeune aux accens et aux triomphes de la liberté, retrouvait, près de la vieillesse, l'énergie de ses premiers élans. L'offre fut accueillie par un houra d'acclamations universelles.

Rentré chez lui, Miel se fait apporter son uniforme ; il le gardait avec la conviction qu'il le reprendrait un jour, et que ce jour n'était pas loin. Sa famille, inquiète sur sa santé, alarmée de ses projets, combat sa résolution, et le conjure de ne pas redescendre ; il avait surtout besoin de tranquillité et de repos. Un de ses proches le supplie de le laisser revêtir l'habit, et insiste vivement pour aller prendre sa place. *Il s'agit de maintenir l'ordre,* lui répond mon frère, *et c'est l'affaire de la Garde Nationale ; j'y suis capitaine ; vous ne pouvez me remplacer.* Toutes les représentations furent infructueuses, et comme si les principes de l'école de Mars fussent encore revenus en ce moment à sa pensée dans toute leur force, les intérêts de la *famille générale* l'emportèrent de nouveau sur ceux de la *famille particulière.* Il sortit de sa maison pour n'y plus rentrer. Sa destinée devait s'accomplir.

Il était environ midi. La colonne se partagea en trois divisions. Le capitaine Miel marcha en tête de celle qui prit sa direction par la rue Joquelet. On descendit la rue Montmartre, et l'on revint par celle des Fossés-Montmartre sur la place des Victoires. Le 15me. léger, qui l'occupait, et avec lequel on avait fraternisé deux heures auparavant, tira cette fois quelques coups de fusil ; on y répondit. Un tambour fut blessé à la main.

En présence d'un si grand danger, la colonne ne ralentit pas son mouvement. Elle le continua par la rue du Petit-Reposoir, et ensuite par celle des Vieux-Augustins, jusqu'à la rue Coquillière. Cependant les esprits s'échauffaient ; à l'arrivée dans cette dernière rue, l'agitation était extrême. Le chef fit faire halte. *Camarades,* dit-il, *j'ai confiance en vous, si vous avez confiance en moi ; je vous dirai que ce n'est pas par ces cris et cette exaltation que nous parviendrons à notre but.* Le sang-froid de cette allocution produisit son effet ; le calme se rétablit à l'instant même. On se remit en marche, et l'on déboucha par la rue Traînée dans celle des Prouvaires.

La colonne s'arrêta en face de la halle à la Viande, pour faire les dispositions nécessaires à la résistance. Alors la troupe de ligne, placée à l'autre extrémité de la rue, manifesta l'intention de tirer. C'était un autre bataillon du 15me. régiment, qui avait été disséminé sur tout ce quartier de Paris. Miel, l'épée sous le bras, s'avança vers l'officier de ligne, comme pour parlementer, et dans l'espoir de prévenir, s'il était encore temps, les maux qu'il redoutait. Après cette inutile démarche, il s'était rapproché de la colonne ; remarquant de nouveaux indices de fermentation, il avait ressaisi son épée, et venait d'étendre le bras, afin d'arrêter par ce geste les démonstrations hostiles. Malheureusement quelques coups de fusil partirent du côté des citoyens. La troupe riposta par des feux de peloton. Mon frère, de haute stature, encore grandi par le bonnet d'uniforme, et en avant du groupe armé, offrait un point de mire ; il fut atteint d'une balle à la tête, et tomba mort sur le coup, frappé par la main d'un Français. Sept ou huit citoyens eurent le même sort.

Ainsi périt Miel, à l'âge de cinquante-trois ans, martyr de son dévouement à cette devise gravée au fond de son cœur, long-temps avant d'avoir été inscrite sur le drapeau de la Garde Nationale : *Liberté, Ordre public.* Son corps fut transporté au corps-de-garde situé à l'angle de la rue de la Poterie, et qui fait face au marché des Innocens. Il fut inhumé le lendemain, à onze heures du matin, dans une fosse creusée sur la place du Marché, avec soixante autres victimes ; sépulture consacrée sous les doubles auspices de la religion et de la victoire, tombe que le culte pieux du peuple orne sans cesse de nouvelles fleurs.

Le nom de mon frère était très-connu, et sa personne très-aimée. La nouvelle de sa mort fit une grande sensation dans Paris ; beaucoup de citoyens, dans toutes les classes, y prirent une vive part. Les insignes de son grade, son épée, sa croix-d'honneur, avaient été recueillis par un habitant de la rue des Prouvaires; on les remit à sa veuve. Ces glorieuses reliques sont aujourd'hui la seule richesse d'une famille qui a tout perdu en le perdant. Louis-Philippe, instruit de ce malheur, nomma sur-le-champ le docteur Leloutre, gendre et successeur de Miel, à la place de dentiste des maisons royales de la Légion-d'Honneur.

Miel partage en ce moment les hommages que la patrie reconnaissante décerne à ses héros. J'ai vu le Roi-Citoyen en célébrer lui-même l'inauguration, et, dans le grand anniversaire, prononcer énergiquement, en quelques mots, la plus éloquente oraison funèbre. Le Panthéon recevra la dépouille mortelle de mon frère. Déjà son nom y est buriné sur le bronze monumental. Ce nom illustre et cher décorera aussi le cénotaphe qui doit s'élever sur l'emplacement historique de la Bastille. Lorsque les habitans de Châtillon, en entrant dans la capitale, passeront devant cet imposant trophée, ils salueront les mânes de leur noble compatriote, et ils réfléchiront à cette fatalité qui fit naître aux mêmes lieux, et l'homme qui fut, malgré lui sans doute, l'instrument de ces ordres meurtriers, et l'homme qui en fut la première victime, comme pour faire détester encore plus les discordes civiles.

Des honneurs publics furent également rendus à mon frère dans sa ville natale, le jour anniversaire de sa mort. L'autorité municipale avait fait dresser, dans l'église de Saint-Nicolas, un catafalque sur lequel était posée une urne en bronze, couverte d'un crêpe. Le monument était chargé de couronnes et orné de trophées. On y lisait :

AUX VICTIMES DE JUILLET,
LA PATRIE RECONNAISSANTE.

Puis, plus bas, après les dates 27, 28 et 29, entourées chacune d'une couronne :

A NOTRE COMPATRIOTE MIEL,
CAPITAINE DE LA GARDE NATIONALE,
MORT GLORIEUSEMENT
A LA TÊTE DE SA COMPAGNIE.

Cet appareil simple et touchant, ces inscriptions plus significatives que les discours, remplirent dignement l'objet de la solennité. Toute la population fut émue. Les citoyens s'entretenaient avec attendrissement et avec respect d'une famille qui, pendant une longue suite de générations, avait constamment donné l'exemple des bonnes mœurs, de la droiture, de la concorde, de la simplicité, de toutes les vertus domestiques, récemment illustrée par un trait sublime de dévouement civique, et dont il ne reste plus dans le pays que les tombeaux. Mais je ne mêlerai pas les sombres images du deuil aux gloires de l'apothéose.

Crésus, dans son orgueil de monarque, demandait à Solon quel homme lui avait semblé le plus heureux. « C'est, répondit le philo-
» sophe, un citoyen d'Athènes, fort homme de bien, qui, après
» avoir été toute sa vie à couvert de la nécessité et avoir vu sa patrie
» florissante, a laissé après lui des enfans généralement estimés, a
» eu la joie de voir les enfans de ses enfans, et enfin est mort en
» combattant pour la patrie. » Cette définition semble avoir été faite exprès pour mon frère.

www.ingramcontent.com/pod-product-compliance
Ingram Content Group UK Ltd.
Pitfield, Milton Keynes, MK11 3LW, UK
UKHW021205140726
13695UKWH00005B/2361